AF607169
AVERSO

EL VERANO DEL *NIÑO AÚLLA*

FRANCISCO L. POZO

Número 26 de la Colección **AVERSO POESÍA**

El verano del Niño Aúlla

Edición al cuidado de Averso Poesía
www.aversopoesia.com

hola@aversopoesia.com

Primera edición: febrero de 2024
ISBN: 978-84-10027-19-0
Depósito Legal: GR 179-2024

Impreso en España - *Printed in Spain*

El papel utilizado para la impresión de este libro está calificado como papel ecológico y procede de bosques gestionados de manera sostenible.

EL VERANO DEL *NIÑO AÚLLA*

FRANCISCO L. POZO

Lo Siento, Perdón, Gracias, Te Amo.
Y los 4 acuerdos.

Vísceras, Rutina y Calavera del Niño Aúlla

(julio, agosto)

EL VERANO ES HORIZONTAL, como un viaje sin destino
que después de muchas demoras se emprende por fin.
Todo lo desconocido nos completa, aun así,
practicamos el desprecio, insistimos en el miedo.

Amo al hombre y a la mujer amo; a quienes decepciono
y a quienes permito amarme.
Hoy es el día del testamento, la hora del filandón
    y de las denuncias.
Conozco las palabras y elaboro sus venenos.
Soy un torpe y compasivo cazador de moscas.
Responsable y responsable.

El verano es horizontal —como prefirió ser Sylvia Plath—
pero aún sangra la primavera y veo cuervos por todas partes
—como los veía Ted Hughes.

Los paréntesis han sido necesarios
para soñarte ahora vestida de blanco,
    no como una novia,
sino blanca como una casa encalada del sur,
con un jardín diminuto pero sembrado
de conversaciones pendientes.

El verano es horizontal y amarillo
como un mar de retama ardiendo al atardecer,
exhalando nebulosas de belleza injusta e inútil.

Mientras pienso en ti
el *Niño Aúlla* ladra como un perro sordo.

EL LENGUAJE DE LA RESPIRACIÓN mueve la esfera
de la vida
que gira hacia su destino de trastero y analgésicos.

La humanidad animal, una grieta en la pared o la cavidad
de la hembra:
todo es semilla de aullido, sorbo de aire.
No queda herencia, ni geología materna de los huesos.
Es el ímpetu androide de la máquina, el negocio de los datos.
Ayer esperé a hoy para jugar con el tiempo.

Lavo mis arrugas en un río que se agota.

Y al otro lado de la grieta, de la *Madre Niña*
y de metáforas de oxígeno,
el *Niño Aúlla* aúlla, musita y me acompaña.

EL ÚNICO ALGORITMO que reconozco es la sola ala
de los álamos,
me saludan y lo saben todo de mí.

Los años viajan hacia una luz inaccesible;
en el poema, el *Niño Aúlla* no crece, queda atrapado
en sí mismo
como un coleóptero momificado o como un águila calzada

inmóvil en el cielo.

Mi cabeza de moscardón está en todas partes.
Puedo mantener dos silencios a la vez.

Hago clic y aparezco a tu lado.

EL APETITO DE UNA MOSCA ERRABUNDA traza
    11.111 veces
la grafía de tu nombre en el aire;
soy en sus ojos de orfebre un trozo más de oscuridad,
borrosa y peligrosa como la de un vencejo.
En los caminos hay cementerios y árboles frutales encorvados.
Otros pies dibujan las huellas en las sábanas de polvo.
Regresan el exceso de dulce y de horas extraordinarias.
El horario nocturno de las ranas.
                                        El descanso insoportable.

LA BRISA DEL MARTES airea y distribuye
problemas mentales
por todos los bares del País de las Maravillas.
Detrás de la barra Alicia prepara café
y un *gran cambio en su vida.*
Todos los conejos son blancos ¿seguir a cuál?

No pasa un coche rojo.

Un insecto practica la tanatosis.
Yo lo imito en las horas de más calor
y durante el resto estoy

no verdaderamente vivo.

TODOS LOS TATUAJES DE CATRINAS DEL MUNDO caben
en el párpado izquierdo de Clint Eastwood;
en el derecho anida un busardo blanco.

De camino al supermercado:
a un lado cicuta y acónito, al otro datura y lechetrezna;
dentro, más veneno.

Las flores secas en los libros son el alimento
de la mujer L^1, la mujer L^2, y la mujer Y.

Sus nuevos novios les hacen fotos de mierda.

LA MUJER Y duerme
en mi sueño tanto tiempo

que después del viernes es jueves
y han crecido vincas sin memoria.

El beso despertador puede tardar décadas en posarse.
No importa, fría la sangre cualquier agujero
    es un sitio seguro
para el lución *escolandro*.

Ayudantes de cocina
traen las sobras de las últimas cenas en bandejas de oro.
El último gerente deposita en ellos toda su última confianza.

Nadie hablará de nosotros mientras resistas dormida
en el amor de la marmota.

LAS INSUFICIENCIAS DE LA REALIDAD,
el descuido voraz, el desgaste equivocado.
La punta de la nariz, el dedo gordo del pie,
elegir respiración o equilibrio.
La plaga artificial de corazoncitos rojos invade la inteligencia,
elegir el dinero para el fiambre o el roce de la bachata.
Llegará el día de descanso
y bajo la sombra del árbol del amor
aún habrá refugio para el envés de los viejos besos.

Quien guarda, siempre teme.

SI ERES EL AXIOMA DE LOS COÑOS
o la limpiadora nómada de las estelas químicas;
si eres la bella durmiente en el jergón de un perro
    abandonado
o el latente hurmiento de los epílogos;
si eres el vértigo de los miradores en las lomas
o la electricidad de las cafeteras compartidas;
si eres la urgente caricia del orgasmo solitario
o la gordita blandura del rabo de lagartija;
si eres el ensalivado quimo de los besos lácteos
o el fruto seco de un lago desangrado;
si eres el hambre de un estómago salvaje
o el colapso y cataclismo de los trigos;
si eres el pasatiempo de los unos y los ceros
o la urgencia de los números viudos.

Querer saber
si eres todos los dilemas de la primavera
o el unánime ahogamiento del verano.

LOS DÍAS SIN ABRAZARNOS suman hectáreas y hectáreas
de cereales polvorientos
en un país profundo y confundido.
Es harina mi cuerpo cuando entra en otro cuerpo
distinto al tuyo.
Propongo posturas de mono, besos muy parecidos
a los de verdad, lenta lengua.
A veces, amor, en el abecedario del amor casi nunca estás
o eres
la exuvia de otras sílabas.

Carreteras comarcales, encinas y pueblos euclidianos
con cementerio a las afueras.
Paranomasia de los huertos. Nos persignamos.

Se vive si se viaja, aunque no sobren los motivos.

Es obligatorio mover; el ajedrez del deseo
me da jaque mate en cada partida.

EL PAN MÁS RICO DEL MUNDO no has de comerlo
sin ganas.
Genéticamente casi cerdos, hambres. Carnicerías.

La mala mar y la marea arrastran pecios delgaduchos.
Soy todo arena.

ES LA HORA DE TU SIESTA, así que dejaré que los días
    de junio
se lleven el significado de las cosas que suceden
en el espasmo de los árboles.
A tu edad, el cansancio no es una actitud,
pero hibernar ya no es viable ni en este mundo ni en el tuyo.

El juego de la constancia y sus cadáveres no termina nunca,
da igual lo viejo o joven que seas
    (aunque es preferible estar vivo).

Susan Sarandon se parece a ti, ahora me doy cuenta,
pero mis ojos, digas lo que digas, no son bonitos.

Ni siquiera cuando te están mirando.

AQUÍ COMPRENDEMOS LAS PALABRAS isla o incendio
de la misma manera que otras como *tren, cereza o administración.*
El lunes ha nacido un perro y ha muerto otro,
pero los equilibrios duelen más que los sacrificios;
    la hipocresía es barata.

Es el verano de los jardines ajenos; cuidados y pensados
    para la conservación*,
pero nunca se confesarán aquí ciertas actitudes machistas.
**Quise decir conversación.*

Pensando en los muertos estamos los vivos pensándonos
    a nosotros mismos.
Los castillos de la ciudad aún permanecen en pie,
pero los días sin fiesta minan nuestra resistencia.
Unas manos pequeñas —de marta o garduña—
salen de mi cabeza y escriben:
¿bailamos entre las luciérnagas [antes de que se extingan]?

Amar la belleza enferma*.
* *Es justo lo que quería decir.*

LOS DOMINGOS SE BAÑA DESNUDA en el río
    que la lava y lleva;
en agua de norte, verde y fría.
Lo salvaje no se hiere; una diosa es más que un dios.
En sueños le cuento sus pecas y mis pecados.
La noche y el amor me duermen sobre ella.
El lunes volveré a necesitar su libertad y su desdén.

UNA SEGUNDA VIDA DE LA ROSA BLANCA tal vez
llega tarde
pese a la foto retocada y el deseo intacto.
En mi lengua se posa y siembra su frescor la mañana
como el *fader* de un *dj* que vibrara
en tu sexo de sofá y minería.

Los gatos de la calle no tienen dueño. Yo te lamo
como un perro enfermo que no se deja tocar.

El día no nos lleva a ese lugar donde se cumplen los deseos.

Pronto nos llamarán de otro planeta.
Aquí pertenecemos a la suciedad.

(Igüeña)

NIÑO HERMANO, ahora que estamos más y más cerca
que nunca
quiero decirte que estoy a punto de rendirme.
Me abandonaron las palabras, se ríen los números,
se extinguen o me decepcionan los astros
y el odio gobierna el mundo.

Niño Hermano, Antonio, nada me alimenta salvo el sueño,
ese sueño en el que subimos abrazados *la Cuesta del Corón;*
ya no hay heno ni almiares en las eras, ni acacias en el puente.
Nada me sostiene. He arrancado el laurel y los acebos
del huerto.
Las herramientas de Francisco se oxidan y se pudren.
La ropa de mamá sigue en los armarios.

EL PASO DE UN DÍA A OTRO se repite desde siempre.
Pura, lenta, insensible asimetría.
De ayer a hoy te echo de menos. Y de hoy a mañana.
Y de mañana al día siguiente.
Pero caigo en la cuenta de que hace años que no nos vemos,
que incluso no nos conocemos, o que me odias
con todas tus fuerzas.

Esta tarde soy una marioneta
en las manos del sol y del viento (nada amables)
y te acecho como un depredador aburrido,
ansioso por lamerte las heridas abiertas o abrirte
nuevas heridas.

Este desierto mío ha llenado demasiados relojes de arena.

LOS CAMINOS DE TIERRA SON NECESARIOS
para la bondad y para la maldad.
Allí arden las tardes, allí muerden el polvo
los caídos desde lo más profundo
de sus certezas.

Es inevitable incumplir alguna ley administrativa:
está prohibido mostrar el torso (cuervos y calaveras);
está prohibido beber la sed, vivir el agua;
está prohibido NO matar al ofidio
que cruza libre hacia su boscaje y penumbra,
y alguien de mala alma no le respeta el paso.

Recorrer los caminos de tierra es necesario, luego vuelve
tus pasos,
cruza la autovía y retorna al barrio.

Si todos callaran oirías aullar al *Niño*.

SI TODOS CALLARAN. Eso es. El gran ruido, el gran silencio.
: llenar los bolsillos de piedras, flores, frutas dañadas
o cerrar los ojos y cruzar la autovía graznando
    como un cuervo.
El cuervo aúlla. El *Niño Cuervo*.

Un golpe de ala y el córvido iridiscente elige el roble
    menos desnudo
para vigilar el desdichado devenir humano.

Todos somos los despojos crudos de las desgracias.

LAS DESGRACIAS. Durante meses contemplamos
aquel cartel en el bar
mientras tomábamos el café de las 11:11
Todo está escrito parece ser.
Incluso tenemos espíritus sentados en los hombros.
Ese pueblo tiene 13 barrios, casas ralas y dispersas.
Yo 2 ojos para verte.
Para verte verme.
Para verte verme verte.
Para verte verme verte verme.
Para verte verme verte verme verte…

Porque los números repiten su profecía una y otra vez.
Hasta equivocarse.

NUNCA HASTA HOY HABÍA SIDO TAN VIEJO
Y ya soy incapaz de escribir un poema
sin reutilizar mis mierdas.
Pero no tengo miedo, te digo. No le tengo miedo a nada.
Es el silencio el que miente, no yo, y te dice
    lo que quieres oír:
la explicación y por lo tanto el engaño, el negocio.

He aquí el poema y su comercio.

LA ANAMNESIS Y ANESTESIA DE LA OSCURIDAD
hacen suya la masa verde de yezgo y zarza
que alienta más allá de las últimas casas.
Desde la ventana la necesidad mira y reza;
    esa es la costumbre.
Las sombras son cenizas en la fábrica de la noche.
La luz es humo e ilumina mi espectro.
El poema se va hundiendo, acreedor de la piedra.
Escribo de pie, mentalmente.
Mi viaje no es mi tiempo; es una línea indiferente,
    aleatoria.
El tiempo huye y elimina, o es un lugar que se derrite.

Me dormiré escuchando el mantra y el élitro del Niño Grillo.

A LAS 00:00 ME QUITO LA PULSERA
    que me regalaste
y es a ti a quien veo, desnuda de luna y jazmín
pero encadenada a un millón y una excusas:

los impuestos municipales, las vecinas que vigilan
    la puerta de tu casa,
el momento idóneo para plantar *poinsettias*
o el terror al deshielo del permafrost.

A las 00:11 quito mi sombrero *porkpie,* apago la música
    y enciendo el *tinnitus*.
Al otro lado del sueño me espera el sexo matraz de una
    mujer alienígena
o un *Niño* que aúlla.

Aún no lo sé.

FUERON LAS GARGANTAS de aviones, golondrinas
y vencejos
(ahora ya sabes distinguirlos);
fueron las culebras, sapos y los ojos de los insectos fueron;
fue el olor de la flor de los castaños bravíos
y el olor de la ruda (que tiene en cada hojita un número
de la suerte);
fue la tercera persona del amor y todos son y fueron.

Y tú, tú no fuiste.

ASFIXIADA BAJO EL PAPEL DE ESTRAZA
y la estridencia de la zarza
la ciudad hace acopio de horas de siesta y compras
en internet,
e indiferente a estadísticas e infecciones otro turbio crimen
cuenta, llora, canta y esconde. La ciudad aúlla.

Lírico, cínico, vírico viaje humano en una tierra plana.

Luego —aprisco y caleidoscopio— el atardecer hará viral
la estupidez
del enloquecido rebaño de seres
autofotografiándose.

SI ESTUVIERAS EN LA ROPA SUCIA vivida,
si estuvieras en los dedos corazones o haciendo el amor
sobre la mesa de la biblioteca,
si estuvieras en las canciones *deep house* de 120 *beats*
por minuto,
si estuvieras a la hora de la siesta de 3 horas en una cama
con libros,
si estuvieras en los libros caídos al suelo (desde la cama),
si estuvieras en el ojo de aquel pez que nos memorizaba
(y volvía a olvidarnos),
si estuvieras en la *calle Costezuela,*
si estuvieras más allá de los 2.000 metros de altitud,
si estuvieras en las ortigas comestibles,
si estuvieras bailando desnuda bajo las estrellas de junio,
si estuvieras mordiendo una manzana *scilate,*
si estuvieras en las fotos en blanco y negro (bailando
y desnuda),
si estuvieras dentro de una botella de vino del Bierzo
o de un ochío de Jaén,
si estuvieras desencadenada de ti misma,
si estuvieras...

si estuvieras escribiendo esto,
yo, yo estaría contigo.

LA BELLEZA HUMILDE de los apellidos comunes
no te dejará herido
si se evaporan las amantes. *(Fernández)*

Y si rememoras los trabajos del amor bajo un nogal enorme,
hazlo mejor a principios del verano cuando la nuez aún
está verde
y antes de que empiece la temporada de higos. *(López)*

De aquí al puente de los candados oxidados hay naves
abandonadas
donde poder dibujar un corazón en mitad de la chatarra
o del estiércol,
y no sé por qué no un pulmón, un pene, un páncreas.
(González)

Hay menos tiempo y menos dinero que sitios bonitos
a donde llevarte,
eso es cierto, y cenar en Santorini macarrones con tomate
pues como que no. *(Álvarez)*

UNA VERRUGA DE MÁS O UN DIENTE DE MENOS
    no molestan tanto
como la eisoptrofobia, la misofobia, o mil dolores
    pequeños los lunes,
a que sí quesito.

Han crecido las hierbas en los descampados de la Rosaleda;
las buenas, las malas lo hacen dentro del centro comercial.

Es la hora de nuestro ángel —ese que nos hablaba
y nos mentía—
y no te acuerdas de mí,
a que no quesito.

Aunque tal vez mi piel sea demasiado ácida,
he decidido tatuarme una ***R*** y un tablero de ajedrez.

NO SOLO LAS PAREDES CONTIGUAS, sino las continuas;
no solo las membranas parenquimales, sino la zahorra
que allana los caminos de labor en las vegas envenenadas:

atan anillos de sal, salmos, mosca, caricia, cianuro al fin.

En el silencio gris de los días azules las *mariposas García*
traen noticias blancas y necesarias como el hielo
en un dormitorio de hogueras.

Calle Real, calle Interior, calle de las Limosnas...
Un gorrión hembra pía.
Nuestro amor no figura en el nomenclátor.

LA CUIDADORA DICE: donde tú estés ésa es tu casa.
Un hogar minúsculo en la futura escara de los mapas;
final y únicamente, el peso del cuerpo, la sonrisa
de la calavera.

Los mejores hijos viven lejos de las escaleras
y de las inhóspitas carreteras de circunvalación.

En la obligación perdura lo humano.
En la desnudez reside la decencia.

Alguien pensará en ti —una bruja, un chamán,
una diosa andina—
y ya nunca más estarás enfermo.

QUISIERA SABER SI LOS SONIDOS DE LA MAÑANA
—el aullido del *Niño*,
el ulular de la madre, la rotación y traslación de la rutina o
la matraca humeante de los motores agrícolas—
acabarán formando
una esfera de sangre en algún lugar cósmico de la energía.

Pero una casa vacía no calla nunca; deshora el tiempo
en el orín de los espejos y aprisiona la luz
en las grietas vasculares
del imperfecto ojo de Dios.

Me detengo en la palabra *pueblo*
y elijo el verbo más adecuado para un huérfano.
Leo en la indiferencia de la *Mujer Niño* el porvenir
de mi deseo:
nunca más desentrañaremos juntos el misterio
de los resplandores.

A MITAD DE JULIO el llantén ha muerto y su largura
ya es heno y morgazo.
La mañana es fría y la tarde será abrasadora.
El padre sale de casa con alguna excusa improvisada;
se nace de quien se nace, sin más. Coches contaminantes.

Las ciudades pequeñas están cerca de los poblados
y los poblados
ya no existen o se desmoronan en el monte ralo circundante,
ennegrecidos por el éxodo y las sepulturas.

Al otro lado de la pared —casi blanca— el *Niño Aúlla*
aúlla, juega, tose;
animalitos de plástico, cosas que ruedan, piezas sueltas
de colorines,
basura electromagnética...
él lame el suelo feliz, despreocupado de su sino.

Las horas son de piedra.
La luz golpea las ventanas que dan al sur.
Suenan puntuales los pianos estridentes de 3 urracas.

Si mi nombre fuera el lugar favorito de tus dedos
yo no tomaría este asqueroso café solo.

DENTRO DEL ÚTERO DEL AULLIDO
huele a fresa ácida, a gasoil, a desamor.
La decepción tiene su prehistoria, igual que el abandono
construye su estéril y muda cicatriz de glaciar.

Si no el sino o la herencia, el fármaco de la realidad.

El daño emite en alta latencia. El tiempo después
ni cura ni regala nada.
Aún llegan cartas equivocadas.
La dosis hace el veneno.
La temperatura modifica los cuerpos y los mares.
Las montañas se derrotan.
El mal resguardo del asbesto nos contagia y empapa
de la rabia de las lluvias de rabia.
El alimento fabrica la basura.

La mujer duerme en la palloza; si ella fuera la proteína
o el sustento;
si ella fuera la décima parte de un pacto secreto
con la suerte;
si en ella resucitaran 11.111 ahogados orgasmos. Sí es no.
Duerma. Duerma y olvide.

La noche es oscura, sin lunas ni esturiones;
solo *árbolas* de hueso —refugios del sol—
arden e iluminan el sueño de los perdidos en cálculos
estadísticos.

De ahora en adelante tendré otro nombre.
El que tú elijas.

Para María, en sus ojos.

GIRASOLES EN LOS OJOS BAILAN
la danza trigonométrica de las abejas.
Son la luz|miel en el lento ocaso del grillo|hormiga.
Todo el ruido|silencio del universo gime y brama en francés
en tus orejas|labios, en tus labios|labios,
en tu brava nuca de toro.

Girasoles en los ojos miran
la erupción de manteca y leche que lava y arde.
Donde hay liquen hay alegría: las barbudas encinas
bendicen el amor nacido un domingo
en un país ingobernable.

Crece en el jardín una casa con estrella, sol y luna.

De ahora en adelante y siempre
bailar el tiempo, beber de las fuentes puras.
Estornudar el orgasmo.

1. PASEO POR UN MUNDO donde las horas las da un árbol de ciruelas amarillas. Más arriba de donde alcanza mi mano el ciruelo está cargado de relojes de chocolate; los pájaros engordan y mueren sin volar.

2. Los gatos no necesitan a nadie para vaguear por los descampados, pero sí para cruzar la carretera y no acabar tatuando el asfalto.

3. Un rosal escapa del jardín hacia las cunetas: rosas rosas, rojas y blancas. Aunque en realidad es así: rosas rosas, rojas y rotas (por sus propias espinas).

4. Las personas ni son gatos ni son pájaros, pero andan vagueando por ahí y engordan y mueren sin volar (por sus propias espinas).

A. *LA HÍBRIDA MUJER Hiedra* crece sin necesidad ni presencia del *Hombre Mirlo* de pecho blanco y espuma rota. La híbrida *Mujer Nutria* freza y desova sin necesidad ni presencia de ningún Hombre Esperma. La híbrida *Mujer Deidad* da, quita, gana y condena.

B. El beso de la pantalla, el sexual algoritmo que me introduce en ti, adicción al cuerpo que es montaña y abismo. El vuelo de las horas en las alas de garzas y milanos; ser el semen montaraz de los osos, oler tu piel para desnudar un bosque. Telarañas de senderos. Fuente de la Risa.

C. El cansancio de olvidar es la rutina del hombre que me muere. Otros pies pisarán las peñas que marqué con mi orina de lobo. Para las palabras tengo cabañas escondidas en las montañas de la *Transduriana*, en los valles de los anacoretas. Poesía solo pensada. Poesía sola. El resto es caricatura.

ES UNIVERSAL Y ENDÉMICA la constante sístole
y diástole de las espinas:
[el roce erógeno / la quemadura erigida;
el pacto manuscrito / la esclavitud de la palabra;
el equilibrio fisiológico / el temor al derrumbe;
el orgullo de piedra / la deuda de úlcera y dulzura].

La carne acepta la metamorfosis y la nueva cadencia
de los coitos.
El hambre que urge y retrasa la expansión del mal
y la artrosis de las posturas.

Los ojos corren detrás del nervioso dibujo de los pájaros,
pero los pájaros
—*de los pájaros, pero los pájaros*—
hace tiempo que no existen.

El número es mujer y cabalga. Tu voz no importa más allá
de unos labios
—*de los labios, pero los labios*—
alguna vez mordidos.

El aire es libre de negarse a dejarte vivir.

El día acaba lo que empieza mañana.

EXISTE LA VIDA... Y

existe la muerte que solloza en los ladridos y en los motores.

Existieron los sentimientos de 2017,
las horas del cafecito, la visita del sexo o los paseos
(que nunca dimos) por Madrid.

Existe la insípida enumeración de los hechos... y

existe el verano de 2023, te sientes libre, abres los brazos
para respirar mejor,
grabas en vídeo el atardecer más bonito del mundo... y

un dron vigila tus movimientos,
una máquina codifica tus debilidades... y

otro imbécil te promete pasear por Madrid.

NO IMPORTA SI
lo que sucede
en la inconsciencia es

sexo abrasivo, fuente de gel o frugal cauterio

para pasar las noches recidivas de
octubre, noviembre, diciembre, etc.

La inconsciencia (ella) es tiempo (él) que perdió su hilo
de sucesos.
Se mueve (ella) como se mueve el muérdago de álamo
en álamo.
Existe (él) como existe su contraria antimateria.

La mente escribe, borra, escribe y borra.

Oí el aullido allí donde me duelo.
Despierto en/de la nueva vorágine.

Mamour:

a) bebo tu té metabólico,
b) úntame del veneno de la abeja,
c) albérgame en tu hueco y rosal.

LOS BRAZOS, LAS PIERNAS Y LAS CABEZAS
son el principio;
luego ya puedes llamarte Arteria, Duramadre o Médula.

Los colores verde y azul del día le cuentan un cuento
al *Niño:*
podrás seguir jugando luego,
ahora iremos al ruido del mundo
a ser parte del silencio del mundo.

Y otro día más toco los más profundo. No está muerto:
lo poseo y me bebe
como si yo fuera orbayo o fluido para la mantis.

Mañana iremos al mar y un gran cero azul volverá
a (des)contar el tiempo.

PODRÁS CRECER Y TENER UN HERMANO MAYOR,
vivir en un risco o morir en un naufragio.

La rubia 1428 se hace mayor, cojea;
no respeta el horario de los basureros.

Un motor Suzuki en las últimas,
la carburación matinal de las urracas
o la locura de los panaderos
cuentan más historias que tú,
que a estas horas aún duermes despierta.

PERTENECER a
qué feroz vida,
ser un poquito posible

en los últimos b
esos de las víctimas,

donde la música c
rece mis mimos.

En 2 jardines para ti
yo construyo
un árbol, tú
talas un columpio.

EL MAL estado de las carreteras
dificulta mantener una conversación
sintética y redentora
mientras se viaja acompañado —en la noche— a lugares
a distancia
de unas horas o de un jamás.

En mitad de campos *limpios de plagas*
y de bosques que un día arderán,
un río ladra,
una estrella fugaz cruza
el parabrisas y se estrella.

Laluznegracansalavista.
Un viaje une dos puntos
en un mapa de *Google*.
Regresar no es obligatorio.

La musculatura dolorida
acumula y descarga
el yodo de los mares bisiestos.

Helado caliente lubrica sexo entre ancianos.

EL NIÑO AÚLLA ES REAL,
y su lenguaje imposible es el idioma universal
de los desdichados.
El Niño es hombre y animal, mujer y corzo, amante
y no amado, urz incluso.

Su cuerpo está hecho de cebolla y adobe. De plástico
y batea.
Cromosoma y palimpsesto. Del pladur de las burbujas.

[Perdóname. No consigo aceptar mi necesidad, no consigo explicar el porqué de tanta sed múltiple e incurable].

El Niño es niña y espíritu y espuma de los ahogados.
Ser de carbón y aceite es su poder de héroe, su don
de luz e imán
del dolor de todos los otros; nosotros, los difuntos diferentes.

[No volveré a pensarte en cada horizonte azul o de vino dulce.
No le temo al tiempo que escondes (y pierdes) en tu almohada de otras vidas].

El Niño es mujer nacida de las gramíneas, helecho hembra
y beso del musgo del *avesedo*. Aúlla y gime, calla y explica.
Escribe en el aire y no espera el entendimiento de todos
los otros;
nosotros, los hechos de nada.

Al final estamos solos tú y yo, Niño; pobres y raros;
descendientes de las piedras expulsadas de las cimas
y las profundidades.

Somos insignificantes en un mundo insignificante.
Pero mañana será otro día; oiré de nuevo tu aullido y tú

escucharás el mío por primera vez.

Anexo

(septiembre, noviembre)

1

No sobreviviré a los derrabes subterráneos
que suceden en las glándulas; ni a los trámites de la arenisca
que en los caminos a las brañas restallan y atormentan
    en las rótulas.
No.
Ay alma, mi mental alma, mi fatal abscisa y ordenada,
mi abstinencia y único amor al perro [*Zal o Leo o empieza por A*];
mi cadera de anca y bruma, mi no mejor mundo.

Olas de uñas de gata y zorra y agallas del rosal en la espalda.
Endrinas pezones: untados con ajo versus los vírgenes
    de grietas y sacaleches.

Las últimas noches de verano son celebradas por la familia
    de 2 hermanas
y por la familia de 4 hermanas
con baile y bailar, con comida y comer, con beber y vivir.
Ay, alma, mi mental alma, única hija única,
único y puro desamor mío:
no veremos (juntos) cómo las *conspiranoias* que niego
me contradicen, aniquilan y destruyen.

2

Configurar el destino
Resume la noche de *pensarte*

Aran surcos los dedos
En oscuridades que ya eran antes
Superficies o latencias
De lo contrario al equilibrio

Si órganos de barro
Si telómeros de las suturas

3

enamora unir los fragmentos
para volver   a dormir
en una casa de arañas
y sus jardines de polvo filosófico

enamora oír la traducción
de lo que cuenta
el lenguaje onírico de quijotes
que no despiertan de su sueño

enamora sentir la alegría
de los aniversarios que cumplen
instantes e inventan
nuevas formas de medir la velocidad
de los desayunos

4

Bajo la luz del oscurecido septiembre
tendidos en la toalla-sábana —vestido *cover up* rojo pasión—
sobre el suelo de gres donde se desliza el lagarto ocelado
que huye del cubo con lejía
zapatos de ir al monte
restos de la cena y kiwis
muchos kiwis 1485 kiwis [del árbol macho]

Dentro de la Niña Loba —hay un universo de planetas
rojos en su pecho—
alimento su aullido-estornudo con mi aullido encorvado

(Dentro de la Mujer No Sexual —piel de cruda yuca—
alimento su voz audio de *wasap* y ruido de tv:
anticarpediem)

Medir el tiempo en alegrías y/u orgasmos no garantiza
una piel
sin menos arrugas que caricias

Digo lo que siento de una en una

Soy itinerante pereza nervio vago parasimpático pertinaz
lumbalgia a la hora de la erección

5

(Madrid)

Nadie no es de aquí
Suena constantemente el himno nacional
Un reguetón rojo y gualdo
El café sabe a charco de tormenta
La fruta es barata...
Pero tienes que comértela en el día
O mañana estará podrida

Es imprescindible un mapa de los campos de golf
Para contemplar los mejores únicos árboles de la ciudad
(Selectos especímenes de madroño)
La basura es centrífuga
Gentrificado sea el nombre del señor
(In god we trust)

Llegan noticias de las Babias y otros lugares de veraneo:
Osos y babosas tencas y tritones
Reclamamos la independencia

En Aquí mientras tanto
Los perros absorben tanto amor
Que cagan mierda invisible

Nadie no es de aquí
Yo mismo
Escribo este poema como si fuera
Una gran poeta norteamericana
Visitando nuestro gran país central

6

(A-32, a la altura de Villanueva del Arzobispo, Jaén; 13/09/2023)

En un claro del olivar
Una yegua alazana
Bajo el sol vertical del ángelus
—Reverbera y se transfigura en ti: ora dice sí ora dice no—
Ora baila una mano o airea la crin
Ora queda inmóvil pensativa y bella
—Ojos anfibios—
Aguardando mi movimiento en L

(final)

(Cabañas Raras, 11/11/2023)

Quedan las palabras dichas y no escritas
en suspensión de *protopolvo* gris en las grises estanterías,
sustancias de silencio y eco solitario
en los sótanos de pósitos y calderas

Y aquellas escritas y jamás articuladas
para el deteriorado bien de los ya y siempre
ausentes *infrascritos* y archiveras *comodiosmanda:*

blancas lazadas de balduque, lapicero y goma
en *definitivos* y eternos expedientes municipales.

Quedan las palabras sí, archivadas
en su constante inconsistencia
y covarianza.

Guardadas para cuando hagan falta.
Guardadas para que no hagan falta nunca.

ÍNDICE

Vísceras, Rutina y Calavera del *Niño Aúlla* (julio, agosto)

EL VERANO ES HORIZONTAL *13*
EL LENGUAJE DE LA RESPIRACIÓN *14*
EL ÚNICO ALGORITMO *15*
EL APETITO DE UNA MOSCA ERRABUNDA *16*
LA BRISA DEL MARTES *17*
TODOS LOS TATUAJES DE CATRINAS DEL MUNDO *18*
LA MUJER Y *19*
LAS INSUFICIENCIAS DE LA REALIDAD *20*
SI ERES EL AXIOMA DE LOS COÑOS *21*
LOS DÍAS SIN ABRAZARNOS *22*
EL PAN MÁS RICO DEL MUNDO *23*
ES LA HORA DE TU SIESTA *24*
AQUÍ COMPRENDEMOS LAS PALABRAS *25*
LOS DOMINGOS SE BAÑA DESNUDA *26*
UNA SEGUNDA VIDA DE LA ROSA BLANCA *27*
NIÑO HERMANO *28*
EL PASO DE UN DÍA A OTRO *29*
LOS CAMINOS DE TIERRA SON NECESARIOS *30*
SI TODOS CALLARAN *31*
LAS DESGRACIAS *32*
NUNCA HASTA HOY HABÍA SIDO TAN VIEJO *33*
LA ANAMNESIS Y ANESTESIA DE LA OSCURIDAD *34*
A LAS 00:00 ME QUITO LA PULSERA *35*
FUERON LAS GARGANTAS *36*
ASFIXIADA BAJO EL PAPEL DE ESTRAZA *37*

SI ESTUVIERAS EN LA ROPA SUCIA VIVIDA, ... 38
LA BELLEZA HUMILDE DE LOS APELLIDOS COMUNES 39
UNA VERRUGA DE MÁS O UN DIENTE DE MENOS 40
NO SOLO LAS PAREDES CONTIGUAS 41
LA CUIDADORA DICE: DONDE TÚ ESTÉS ÉSA ES TU CASA 42
QUISIERA SABER SI LOS SONIDOS DE LA MAÑANA 43
A MITAD DE JULIO EL LLANTÉN HA MUERTO 44
DENTRO DEL ÚTERO DEL AULLIDO 45
GIRASOLES EN LOS OJOS BAILAN 46
PASEO POR UN MUNDO 47
LA HÍBRIDA MUJER 48
ES UNIVERSAL Y ENDÉMICA LA CONSTANTE SÍSTOLE 49
EXISTE LA VIDA... Y.. 50
NO IMPORTA SI 51
LOS BRAZOS, LAS PIERNAS Y LAS CABEZAS 52
PODRÁS CRECER Y TENER UN HERMANO MAYOR 53
PERTENECER A 54
EL MAL.. 55
EL NIÑO AÚLLA ES REAL 56

Anexo (septiembre, noviembre)

1.. 61
2.. 62
3.. 63
4.. 64
5.. 65
6.. 66
(final) 67

Este libro se terminó de editar en Granada
en febrero de 2024 por

www.aversopoesia.com
hola@aversopoesia.com